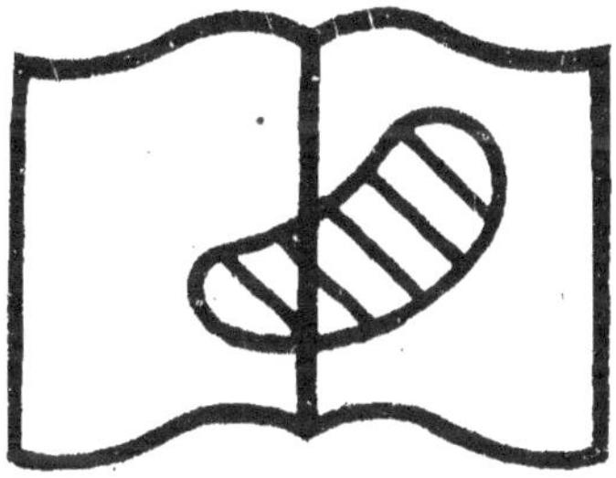

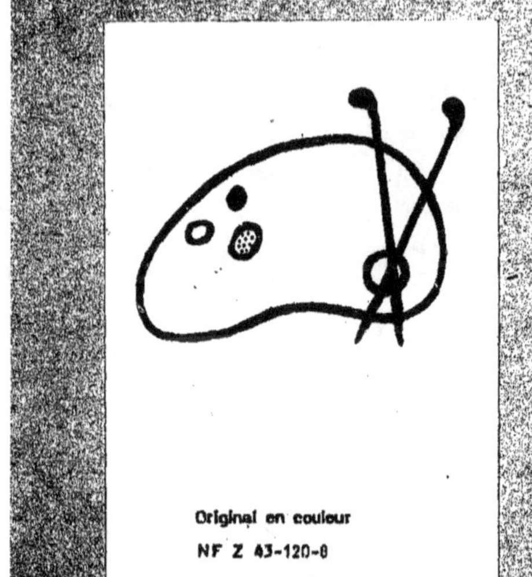
Original en couleur
NF Z 43-120-8

DE LA NATURE

DU

SERVICE MILITAIRE

DÛ PAR LES ROTURIERS

AUX XIe ET XIIe SIÈCLES

PAR M. PROU.

Extrait de la *Revue historique*,

Novembre-Décembre 1890.

(*Les tirages à part ne peuvent être mis en vente.*)

PARIS

1890

DE LA

NATURE DU SERVICE MILITAIRE

DU PAR LES ROTURIERS

AUX XIe ET XIIe SIÈCLES.

C'est maintenant une opinion commune, parmi les historiens, que le monde féodal est sorti nécessairement du monde carolingien, que les liens qui les unissent sont à ce point serrés qu'il est impossible de dire où finit l'un et où commence l'autre. Et, s'il est une période dans notre histoire où se vérifie « la règle de la continuité historique[1], » c'est dans l'espace de temps compris entre Louis le Pieux et Philippe-Auguste, quand aucun prince n'occupa le trône de France, capable d'agir sur l'organisation sociale et de la modifier suivant un plan préconçu. Les institutions sont alors laissées à leur libre développement. Elles se transforment diversement suivant les lieux, mais toutes ont leur racine dans le système politique et administratif de l'époque franque. Je me propose d'étudier ici l'une des plus importantes : le service militaire, mais seulement le service militaire dû par ceux qu'on appellera plus tard les roturiers.

Beaucoup de chartes, dont quelques-unes du XIe siècle et la plupart du XIIe siècle, attestent, en effet, que des hommes qui ne sont jamais désignés sous le nom de *milites* et qui ne possèdent ni bénéfices ni fiefs doivent se rendre à l'armée du roi ou à celle d'un seigneur.

Tout d'abord, il est nécessaire de rappeler brièvement les principaux traits de l'organisation militaire sous les Carolingiens[2]. Tous les hommes libres étaient tenus de prendre part aux expéditions militaires aussi souvent que le roi les en requérait. Cela ressort net-

1. Expression de Fustel de Coulanges, dans *l'Alleu et le domaine rural*, p. 1.
2. Voyez Paul Viollet, *Histoire des institutions politiques et administratives de la France*, p. 436 et suiv.

tement d'un grand nombre de capitulaires. Ce principe, toutefois, souffrait des tempéraments. En effet, comme ces hommes s'équipaient à leurs frais, le service militaire complet ne put être exigé que de ceux-là seuls à qui leur fortune permettait d'acheter une armure. Ainsi, un capitulaire de 807 exigea le service militaire de tous les hommes libres possédant trois manses. Quant à ceux dont les propriétés étaient de moindre étendue, ils se groupaient dans des conditions déterminées par l'autorité royale pour mettre l'un d'entre eux en état d'aller à l'ost[1]. Les hommes de pauvre condition qui n'avaient pas de terre payaient, d'après un capitulaire de 805, une imposition appelée *hériban* proportionnelle à leur fortune[2]. Le comte était chargé de publier la convocation royale, puis d'amener, à une époque et en un lieu fixés par l'édit de convocation, les hommes libres de tout le territoire placé sous son autorité.

Le développement que prit, dès la fin du VIIIe siècle, l'institution du séniorat introduisit dans l'armée royale un germe de désorganisation qui s'accrut au cours du IXe siècle, si bien qu'il aurait suffi lui seul à déterminer la chute de la dynastie carolingienne, car il est certain que le petit nombre de soldats dont disposaient les descendants de Charlemagne fut la principale cause de leur ruine.

En effet, dès qu'un homme s'était recommandé à un autre plus puissant, il prétendait le suivre partout; si le *senior* n'allait pas à l'ost, le *vassus* demeurait aussi dans ses foyers. Qu'un seigneur soit rebelle, et le voilà qui entraîne avec lui dans la désobéissance tous ses vassaux; les forces royales sont diminuées d'autant. En 805, l'empereur recommande à ses *missi* de veiller à ce que les hommes libres ne se soustraient pas à sa juridiction en se recommandant à un autre[3]. Dès 811, le recrutement de l'armée devenait difficile. Nous voyons Charlemagne prendre des mesures contre ceux qui ne tiennent aucun compte de la convocation impériale, disant qu'ils ne doivent marcher qu'avec leur seigneur. D'autres avaient soin de se mettre sous le patronage de seigneurs qu'ils savaient ne pas devoir aller à l'ost[4]. En octobre 811, l'empereur décrète que tout homme libre qui, cette année-là, ne se sera pas rendu à l'ost avec son seigneur paiera l'hériban; si c'est par ordre de son seigneur

1. Capitulaire de 807, art. 2, dans Boretius, *Capit.*, t. I, p. 135. — Capitulaire de 808, art. 1, *Ibid.*, p. 137.

2. Capitulaire de 805, art. 19, dans Boretius, n° 44, p. 125.

3. Capitulaire de 805, cité dans la note précédente, art. 19 : « Et nostri missi caveant et diligenter inquirant ne per aliquod malum ingenium subtrahant nostram justitiam alteri tradendo aut commendando. »

4. Capitulaire de 811, art. 7 et 8, dans Boretius, p. 165.

ou du comte qu'il est retourné chez lui, le seigneur ou le comte paiera l'amende à sa place[1].

Une division s'établit donc, dès le IXe siècle, entre les soldats qui composent l'armée royale : les uns y viennent sous la conduite de leur seigneur, les autres sous celle du comte. C'est un état de choses qu'admet déjà un capitulaire de 808[2]. On comprend facilement que les *vassi*, accompagnant toujours et partout leur *senior*, n'allant plus à l'armée royale qu'avec lui, aient été amenés rapidement à ne plus se considérer comme tenus au service militaire qu'envers ce seigneur, puis aient complètement oublié qu'il n'était primitivement qu'un intermédiaire entre eux et le roi. Mais les hommes libres qui ne s'étaient recommandés à personne continuèrent de marcher avec les comtes. L'édit de Pistes, en 864, porte « que les Francs habitants des pagi, qui ont des chevaux ou peuvent en avoir, se rendent à l'ost avec leurs comtes[3]. » Bien que la plupart des hommes libres aient dû se choisir un seigneur, on admettra facilement qu'un certain nombre soient restés dégagés de tout lien de vassalité et qu'ils aient continué de rendre le service militaire au souverain. Ne sont-ce pas les descendants de ces hommes libres demeurés en dehors de la vassalité et du séniorat que nous retrouvons aux XIe et XIIe siècles tenus au service d'ost et de chevauchée soit envers le roi, soit envers un de ces nombreux justiciers qui s'étaient substitués au souverain dans l'exercice des droits régaliens?

Toutes les chartes du XIe ou du XIIe siècle, qui nous donnent des renseignements sur le service militaire dû par les non nobles, sont des chartes de coutumes ou de privilèges, c'est-à-dire des actes qui règlent les rapports des hommes avec leurs seigneurs. Ceux-ci y déclarent renoncer à une partie de leurs droits; spécialement ils restreignent le service militaire.

Les textes français, à partir du XIIIe siècle, emploient, pour désigner le service militaire, l'expression « ost et chevauchée. » Mais la formule n'était pas encore arrêtée dans les chartes latines du XIIe siècle. Au VIIe siècle déjà, l'armée se disait en latin *hostis*[4], et, dès le VIIIe siècle, ce même mot signifiait à la fois et l'armée et le

1. Capitulaire d'octobre 811, art. 9, dans Boretius, p. 167.
2. Capitulaire de 808, art. 1, Boretius, p. 137 : « Ut omnis liber homo, qui quatuor mansos... habet, ipse... in hostem pergat sive cum seniore suo, si senior ejus perrexerit, sive cum comite suo... »
3. Édit de Pistes, art. 26, Pertz, *Leges*, t. I, p. 495 : « Ut pagenses Franci qui caballos habent vel habere possunt, cum suis comitibus in hostem pergant... »
4. Voyez Fustel de Coulanges, *la Monarchie franque*, p. 293.

service militaire. Ainsi, *hostem facere*, c'était accomplir le devoir militaire, se rendre à l'armée sur la convocation royale[1].

Le mot chevauchée est bien plus récent. *Caballicata*, dans Luitprand, paraît désigner soit une petite expédition, soit une petite troupe qu'on envoie en reconnaissance[2]. Dans les décrets d'un concile tenu en Normandie au XIe siècle, on rencontre l'association des deux mots *caballicationes aut hostilitatem*[3]. Les rédacteurs de chartes du XIe siècle n'emploient ordinairement qu'une seule expression, *exercitus* ou *expeditio*, pour désigner l'armée et portent que les hommes de tel ou tel lieu ne s'y rendront que dans des cas déterminés, par exemple en cas de guerre publique[4].

Dans la charte accordée aux habitants de Bagneux vers 1105, le roi déclare que les hommes de ce village ne seront plus appelés « in hostes vel expediciones et equitatus[5]. » Au XIIe siècle, il est d'usage presque général d'employer deux mots pour exprimer le service militaire. Ce sont, pour l'ost, *exercitus* et quelquefois *expeditio*, rarement *hostis*; pour la chevauchée, *equitatio*, *equitatus*, *caballatio*, *cavalcata* et même *expeditio*[6]. Qu'il y eût une différence entre l'host et la chevauchée, cela n'est pas douteux. Un seul texte, cependant, à notre connaissance, l'établit pour le XIIe siècle. En 1118, Louis VI, accordant des privilèges aux hommes de l'abbaye de Saint-Spire de Corbeil,

1. Un capitulaire de 802, art. 7, Boretius, p. 93, parle « de his qui hostem facere debiti sunt. » Dans le capitulaire de 808, déjà cité, il est question à l'art. 2, Boretius, p. 137, de celui « qui nec parem suum ad hostem suum faciendum, secundum nostram jussionem, adjuvit. » Et encore l'art. 12 d'un capitulaire de 810, Boretius, p. 153, débute ainsi : « Qui hostem facere potuit et non fecit. »

2. Luitprand parle du roi Hugues qui, en 935, marche en Italie contre le duc de Bavière : « Cumque eodem pervenisset et caballicatas, ut vulgo aiunt, circumcirca dirigeret... » (*Antapodosis*, III, 49, dans Pertz, *Scriptores*, t. III, p. 314.) Texte cité par du Cange.

3. « Ceterum in hac pace nullus, nisi rex aut comes hujus patriae, caballicationem aut hostilitatem faciat ; et quicumque in caballicatione aut hostilitate regis fuerit... » Mansi rapporte ce texte d'abord parmi les décrets d'un synode tenu à Caen en 1042 (*Concilia*, t. XIX, col. 599), puis à la suite des décisions du concile de Lillebonne en 1080. (*Ibid.*, t. XX, col. 560.)

4. La charte de fondation du monastère de Saint-Jean de Poitiers par Guillaume d'Aquitaine, en 1077, porte : « Nec cogantur praedictorum homines monachorum, ibicumque habitent, ire in exercitu aut expedicione, nisi agatur nomine belli. » (Teulet, *Layettes*, t. I, p. 24, n° 20.)

5. « Condonamus etiam illis ne ulterius in hostes nostras vel expeditiones et equitatus ire compellantur. » (Guérard, *Cartulaire de Notre-Dame de Paris*, t. I, p. 258.)

6. Il me paraît inutile de transcrire ici les nombreux textes sur lesquels je m'appuie et dont quelques-uns ont été cités par du Cange, au mot *hostis*.

déclare qu'ils ne prendront plus part à ses expéditions que s'il s'agit d'une guerre, et cela seulement deux fois par an ; quant aux chevauchées, ils iront aussi souvent qu'ils en seront requis, mais ils ne s'éloigneront pas de Corbeil de plus de douze lieues[1]. On peut conclure de là que l'ost (*expeditio*) était une guerre importante, une guerre publique pour la défense du pays, la chevauchée une expédition de moindre importance, par exemple pour combattre un rebelle. Mais cette différence n'était pas telle qu'on pût distinguer facilement entre ces deux sortes de guerres. Tous les auteurs qui ont parlé des institutions militaires ont toujours cité un passage de la coutume d'Anjou où sont définis l'ost et la chevauchée : « Il a différence entre houst et chevauchée, car houst est pour deffendre le païs, qui est pour le prouffit commun, et chevauchée est pour deffendre son seigneur[2]. » Ce texte est assez récent; il est postérieur à la rédaction de la coutume d'Anjou transcrite dans les *Établissements de saint Louis*. Cependant, il peut, à n'en prendre que le sens général, se ramener à la définition que nous tirions du diplôme de Louis VI. Il a été écrit à une époque où il n'y avait plus d'autre ost que l'ost royale; aussi la chevauchée n'est-elle, aux yeux du jurisconsulte angevin, qu'une guerre seigneuriale. Mais de quel seigneur est-il ici question? Du seigneur justicier ou du féodal? Peut-être du dernier, car, dans plusieurs coutumes du XIIIe siècle, le mot chevauchée désigne le service militaire féodal, celui auquel le vassal était obligé vis-à-vis de son suzerain. On verra plus loin que cette observation n'était pas inutile. Je veux aussi signaler ce fait que, dans les *Établissements de saint Louis,* qui reproduisent la coutume d'Anjou, l'ost est la guerre que fait le roi, la chevauchée est celle que fait le baron; l'homme coutumier, c'est-à-dire le non noble, doit se rendre à l'une comme à l'autre, et, s'il est défaillant, dans l'un ou l'autre cas, il paie la même amende[3]. Ne sommes-nous pas en droit de conclure qu'il n'y avait entre l'ost et la chevauchée aucune différence essentielle, originelle? les deux expressions réunies, comme elles le sont dans la plupart des chartes du XIIe siècle, expriment toute espèce de guerre et le service militaire dans toute sa plénitude.

Les hommes que les chartes des XIe et XIIe siècles nous montrent

1. « Nec in expeditiones nostras, nisi submoneantur in nomine be... eant et hoc solummodo bis in anno; in cavalcariis autem nostris iterum, si submoneantur, vadent, sed duodecim leucas a castro Corboilo non excedent. » (Couard-Luys, *Cartulaire de Saint-Spire*, p. 5, pièce n° 2.)

2. Beautemps-Beaupré, *Coutumes et institutions de l'Anjou et du Maine*, t. II, p. 561.

3. *Établissements de saint Louis*, l. I, c. LXV; éd. Viollet, t. II, p. 97.

comme tenus au service d'ost envers leur seigneur habitent soit sur la terre de ce seigneur, soit sur une terre d'église; de ce dernier fait, les preuves abondent. Mais quelle est la condition juridique de ces roturiers? Le seigneur les appelle ses hommes, « homines nostri, » ou bien ses hommes de tel lieu, ou encore les hommes de telle église habitant en tel endroit. D'autres fois, il s'agit d'hôtes qu'on établit dans une ville neuve; jamais il n'est question de serfs. M. Boutaric pense, toutefois, que ces roturiers tenus au service militaire sont d'anciens serfs qui, s'élevant peu à peu, sont arrivés à une condition voisine de celle des hommes libres[1]; hypothèse toute gratuite que M. Boutaric ne justifie pas. Il n'y a pour les serfs qu'un moyen de sortir du servage, c'est d'obtenir l'affranchissement. Or, l'on ne voit pas qu'il y ait eu en Gaule, entre le IXe et le XIe siècle, des affranchissements s'appliquant aux serfs de tout un domaine. M. Boutaric parle d'un passage lent du servage à la liberté. Sans doute, il suppose que les serfs ont été successivement débarrassés des charges qui pesaient sur eux; et je ne doute pas que, disant cela, il n'ait eu en vue les chartes de coutumes du XIIe siècle. Si nous regardons ces chartes, nous verrons que tous les services dont elles dispensent les hommes de tel ou tel lieu ont leur origine dans les services qu'à l'époque carolingienne le roi ou ses agents exigeaient des hommes libres. C'est un fait qu'a parfaitement établi Championnière[2] et sur lequel, par conséquent, je n'ai pas à insister. Je rappellerai seulement que ces services sont appelés *consuetudines*, terme réservé, dès l'époque franque, aux impositions publiques. Ces impositions, réclamées après le IXe siècle par les justiciers, non plus au nom du roi, mais en leur propre nom, s'étaient exagérées à la faveur des désordres du Xe siècle; c'est pourquoi, deux siècles plus tard, il fallut les diminuer et en régler la perception. Ainsi, les roturiers qui, au XIIe siècle, doivent le service d'ost sont libres; au XIIIe siècle, on les désignera sous le nom d'hommes coutumiers. Rien ne nous empêche donc de les considérer comme les descendants des hommes libres de l'époque carolingienne.

De nombreux textes rangent, d'ailleurs, le service d'ost parmi les coutumes et même le qualifient *consuetudo* ou, ce qui indique encore plus nettement son caractère de service public, *exactio*. Ainsi, au XIe siècle, Guillaume, duc d'Aquitaine, restituant à l'abbaye de Saint-Jean d'Angély un bourg nommé *Aleu*, en déclare les habitants com-

1. Boutaric, *Institutions militaires*, p. 142.
2. Championnière, *De la propriété des eaux courantes*, *passim*, et particulièrement le chapitre V.

plètement libres de toute coutume vis-à-vis de lui, sauf le cas où le peuple sera convoqué de toutes parts, même sur les alleux des chevaliers, à une guerre publique pour la défense du pays[1]. En 1040, Geoffroy, comte d'Anjou, renonçant à toutes les coutumes sur le domaine de Saint-Mélaine, qui appartenait à l'abbaye de Saint-Serge, retient toutefois la fourniture du fourrage et le service militaire pour la défense du royaume et du souverain[2]. Au XIIe siècle, un autre comte d'Anjou, voulant accorder un privilège à l'abbaye de Saint-Nicolas, s'exprime ainsi : « Je lui concède, en outre, que ses hommes ne me rendent aucune coutume et ne soient semons pour aucune de mes affaires, si ce n'est en cas de guerre publique[3]. » Le service militaire est encore bien nettement considéré comme une *consuetudo* dans un accord entre le roi Louis VI et Guillaume de Soisy, qui, tout en donnant l'église de Soisy à l'abbaye de Saint-Jean de Sens, se réservent certains droits sur les hommes de l'Église : « Je, Louis, roi de France, et Guillaume de Soisy donnons au monastère de Saint-Jean de Sens l'église de Soisy et toutes ses dépendances sauf les coutumes. Or, les coutumes que nous avons, nous, et Guillaume comme les tenant de nous, sont les suivantes : les hommes de l'église demeurant dans le château viendront avec nous à l'ost et à la chevauchée[4]. » Par une charte de 1134, Guillaume II, comte de Nevers,

1. « Ego Willelmus, dux Aquitanorum..., abstuli quemdam burgum qui vocatur Alaudium...; postmodum... reddidi Deo et Sancto Joanni...; volo neminem ignorare praedictum Alaudium ab omni consuetudine mea liberum et absolutum esse, nisi forte quando populus undecunque vocatus, etiam de alaudiis militum, ad nominatum bellum pro patria pugnaturus processerit. » (*Cartulaire de Saint-Jean-d'Angély*, Bibl. nationale, ms. lat. 5451, fol. 184 v°.) Texte cité par du Cange, v° *hostis*.

2. « Dono... de toto territorio ad S. Melanium pertinente vicariam totam et bidampnum et totas consuetudines, excepto fodrio et praelio generali pro defensione regni aut principis. » (Bibl. nationale, Dom Housseau, vol. II, n° 446.) Texte cité par du Cange, v° *hostis*.

3. « Insuper etiam concedo ut sui homines nullam mihi cosdumam faciant nec ad aliquod meum negotium pergant, nisi solummodo ad bellum publice indictum aut denominatum ; nec ad illud, [antequam] ego ad abbatem vel monachos praedicti loci aliquem meum familiarem amicum transmiserim, qui non sit praepositus nec vicarius, nec minister alicujus districturae meae exauctor. » (Sammarthani, *Gallia christiana*, éd. 1656, t. IV, col. 690.) Du Cange, qui a cité ce texte, le rapporte à l'année 1096 ; mais l'acte porte dans le *Gallia* la date de 1196 ; date fausse, car, en 1196, le comte d'Anjou ne s'appelait pas Geoffroy. De plus, l'acte contient des synchronismes ; il a été rédigé sous l'épiscopat d'*Ulgerius ;* or ce personnage fut évêque d'Angers de 1125 à 1149. Il est donc probable que le Geoffroy qui a accordé ce privilège à l'abbaye de Saint-Nicolas est Geoffroy Plantagenet, comte d'Anjou, de 1143 à 1150.

4. « Consuetudines autem quas nos et Willelmus de nobis ibi habemus tales

remet à l'église Saint-Michel de Tonnerre certaines coutumes qu'il exigeait de ses hommes; plus loin, il déclare qu'il a renoncé au droit qu'il avait de les convoquer pour ses expéditions[1]. Dans un diplôme royal de 1118, le service militaire exigé des hôtes de Notre-Dame de Paris établis à Bagneux est mis au nombre des coutumes ou exactions dont le roi Louis VI fait abandon[2].

Si nous recherchons quels personnages ont le droit d'appeler les non nobles à l'armée, nous trouvons que ce sont le plus souvent le roi, un duc, un comte, un vicomte, un viguier, un châtelain, toujours un justicier, c'est-à-dire un seigneur exerçant les droits régaliens, successeur des *judices* de l'époque franque, quelle que soit d'ailleurs l'origine de ses droits. Jamais nous ne voyons un simple *miles* n'ayant aucun droit de justice exiger des hommes habitant sur ses terres, et pour son propre compte, le service d'ost et de chevauchée. Ce n'est pas là ce que semble dire Boutaric : « Les vilains, écrit-il, n'avaient pas en principe le droit de porter les armes....., ils ne devaient être appelés que pour un motif urgent, c'est-à-dire pour la défense du fief[3]. » Et il cite, à l'appui de son opinion, un texte de Beaumanoir[4] qu'il a, selon nous, mal interprété : « Çascuns sires pot penre ses hostes à son besoing, por son cors ou por se meson garder, dedens le fief où les ostises sunt mouvans, et autre part non. Et, s'il les maine hors du fief par lor volenté, por son besoing, il doit à çascun à pié huit deniers por se jornée, et s'il est à queval deux saus..... » Voilà qui, au premier abord, paraît contredire la théorie que nous soutenons, car il s'agit d'un seigneur qui n'est pas qualifié de justicier et qui, cependant, emmène ses hôtes à une petite expédition. Si l'on y voit, avec Boutaric, le service d'ost et de chevauchée tel que nous le retrouverons plus loin défini dans un texte des *Établissements de saint Louis*, mon opinion ne saurait être maintenue. Mais il faut prendre garde que Beaumanoir parle d'un seigneur qui demande à ses tenanciers de défendre son corps, sa maison; il n'a le droit de les requérir que dans les limites de son fief; s'il les en fait sortir, c'est seulement parce qu'ils y consentent et en leur donnant une

sunt : Homines ecclesiae infra castrum manentes in expeditionem et equitatum cum corpore nostro venient... » (Quantin, *Cartulaire de l'Yonne*, t. I, p. 255.)

1. Le comte Guillaume « quasdam consuetudines quibus ecclesia S. Michaelis hominesque ad eam pertinentes gravabantur... eidem ecclesiae remisit... Solebat etiam convocationem facere idem comes de hominibus S. Michaelis, quoties convocabat exercitum... » (Quantin, *Cartulaire de l'Yonne*, t. I, pp. 297 et 298.)

2. Guérard, *Cartulaire de Notre-Dame de Paris*, t. I, p. 258.

3. Boutaric, *Institutions militaires*, p. 143.

4. Beaumanoir, c. XXXII, § 20; éd. Beugnot, t. I, p. 472.

indemnité. Dire que ce seigneur agit comme ferait aujourd'hui un propriétaire qui, attaqué, demanderait main-forte à son fermier, ne serait pas absolument exact; car il y avait entre le seigneur et son hôte des liens autrement étroits que ceux qui existent aujourd'hui entre un propriétaire et un fermier. Je ne fais donc ce rapprochement que pour mieux mettre en lumière le caractère privé du service demandé par le seigneur à son hôte. Au contraire, le service d'ost tel qu'il apparait dans les chartes de coutumes est un service public. Continuons la lecture de Beaumanoir. Lui-même établit la distinction. Il insiste sur ce fait que les hôtes ne peuvent être contraints à suivre le seigneur hors de son fief, à moins qu'il ne s'agisse de se rendre à une convocation du comte : « Ne porquant il (les hôtes) ne sunt pas tenu à issir hors du fief s'il ne voelent, *s'il n'est ainsi que li quens semongne ses homes* et qu'il lor commant qu'il aient lor ostes en certain liu, dedens le conté, car en ce cas ne se poent escuser li hoste le conte ne li ostes des sougés, qu'il n'i voisent. » On ne peut pas distinguer plus clairement du service privé que le propriétaire peut demander à ses tenanciers le service public que le comte est en droit d'exiger de ses sujets.

L'assistance que les hôtes, dont parle Beaumanoir, portaient à leur seigneur rappelle beaucoup le service féodal, l'*auxilium*, que le vassal devait à son suzerain à cause du fief qu'il détenait. Tout différent est le service d'ost que les coutumiers rendent au justicier. Ils ne le doivent pas à raison de leur tenure; ce qui le prouve, c'est que la veuve d'un coutumier en était dispensée : « Nule fame a costumier ne doit ne ost ne chevauchiée, » écrit le compilateur des *Établissements de saint Louis*[1]. La femme noble, au contraire, doit fournir à son suzerain un certain nombre d'hommes à cause des fiefs qu'elle tient de lui.

Le vassal qui ne remplit pas les obligations de son fief, et spécialement le devoir militaire, perd son fief, car il manque à l'un des engagements qu'il a contractés vis-à-vis de son suzerain. Le coutumier ne perd pas sa censive. La peine qui le frappe est une amende. Quelques coutumes en indiquent le taux : elle est de soixante sous. La charte, octroyée en 1219 par le vicomte de Turenne à la ville de Martel, porte que, si quelque habitant de cette ville ne suit pas le vicomte quand il convoque pour sa propre guerre ceux qui doivent l'accompagner, il paiera, s'il est bien portant, une amende de soixante sous[2].

1. *Établissements de saint Louis*, l. I, c. LXV; éd. Viollet, t. II, p. 93.

2. Coutumes de Martel, art. 7 : « Si quis habitator ville Martelli non sequitur vicecomitem quando mandat sequitiones suas pro propria guerra, si sanus est,

On trouvera, dans le cartulaire de Saint-Étienne de Bourges, un accord intervenu en 1230 entre le comte de Sancerre et le chapitre de cette église à propos de l'amende de soixante sous que le comte prétendait lever sur les hommes de Saint-Étienne, qui ne se rendaient pas à ses chevauchées[1]. Citons enfin la coutume d'Anjou telle que l'a transcrite le compilateur des *Établissements de saint Louis*. Après avoir expliqué comment doit se faire la semonce à l'ost du roi, le rédacteur ajoute : « Et se les gens le roi truevoient les homes costumiers par les chasteleries qui fussent remés de l'ost le roi, fors cis qui doivent remaindre, li rois en porroit bien lever de chascun LX s. d'amande par droit et li bers ne les en porroit garir[2]. » Et ailleurs : « Li home costumier des chasteleries si doivent as barons lors chevauchiées..... et cil qui remaindroit, si en feroit LX s. d'amande[3]. » J'ai déjà fait remarquer que la même amende frappe les défaillants, qu'il s'agisse de l'ost royal ou des chevauchées des barons.

Je n'ai cité là que des textes du XIIIe siècle, mais, si l'amende de soixante sous existait ou plutôt persistait encore à cette époque, à plus forte raison devait-elle être en usage aux XIe et XIIe siècles ; car cette amende, c'est l'ancienne amende royale carolingienne, le *bannum dominicum*, l'amende payée par tous ceux qui contrevenaient à un ordre du souverain[4]. C'était déjà la peine édictée par la loi des Ripuaires contre quiconque appelé à l'ost n'y venait pas[5]. Un capitulaire d'octobre 811 porte : « Tout homme libre qui, appelé à l'ost, aura négligé d'y venir paiera l'hériban, c'est-à-dire soixante sous[6]. » Dans un autre capitulaire, Charlemagne mande au comte de semondre à l'ost les hommes de sa circonscription, sous peine pour eux de payer soixante sous s'ils ne se trouvent pas à un jour déterminé au lieu de réunion de l'armée[7]. Un manuscrit du IXe siècle indique les

LX solidos pro justicia dabit... » (Giraud, *Essai sur l'histoire du droit français*, t. I, p. 81.)

1. *Cartulaire de Saint-Étienne de Bourges*, Bibl. nationale, ms. lat., nouv. acq. 1274, fol. 225 r°.

2. *Établissements de saint Louis*, l. I, c. LXV ; éd. Viollet, t. II, p. 97.

3. *Ibid.*, p. 94-95.

4. Voyez, sur la persistance de cette amende dans les coutumes, Viollet, *Établissements de saint Louis*, introduction, t. I, p. 245 ; Prou, *les Coutumes de Lorris*, p. 60.

5. « Si quis legibus in utilitatem regis sive in hoste seu in reliquam utilitatem bannitus fuerit, et minime adimpleverit, si aegritudo eum non detenuerit, LX solidis multetur. » (*Loi des Ripuaires*, LXV, 1.) N'est-il pas intéressant de rapprocher le *si sanus est* de la Coutume de Martel, citée plus haut, du *si aegritudo eum non detenuerit* de la loi des Ripuaires?

6. Capitulaire de 811, art. 1, Boretius, p. 166.

7. Capitulaire d'Aix-la-Chapelle, entre 801 et 813, art. 9, Boretius, p. 171.

huit *bans* d'où le roi veut exiger soixante sous, c'est-à-dire les huit infractions au ban royal qui entraînent cette amende; or, le fait de ne pas aller à l'ost figure dans cette liste[1]. Du moment que nous retrouvons, quatre siècles plus tard, cette même amende levée par le roi ou les seigneurs justiciers sur les hommes coutumiers qui, appelés à l'armée, négligent de s'y rendre, nous ne pouvons douter que le service militaire qu'on exige de ces hommes ne se rattache directement au service public que le roi carolingien exigeait de tous les hommes libres de son royaume.

Je ne veux pas discuter ici les origines si compliquées et les causes multiples du service militaire rendu par les églises au souverain ou aux seigneurs; mais, si l'on tient pour démontré que l'ost et la chevauchée n'étaient pas pour les roturiers un devoir féodal, mais un devoir du sujet à l'égard du souverain, on ne s'étonnera pas de voir des seigneurs justiciers réclamer l'accomplissement de ce devoir à des hommes habitant sur des domaines ecclésiastiques.

D'abord, les hommes des églises ne pouvaient se couvrir des immunités accordées à celles-ci par les rois mérovingiens ou carolingiens pour refuser au roi ou à celui qui, après le xe siècle, tenait sa place le service militaire. L'immunité soustrayait l'église et ses terres à la juridiction du comte, mais non à celle du roi[2]. Les hommes libres établis sur les terres des immunistes n'étaient pas dispensés d'acquitter les *functiones publicæ*. Leur seul privilège consistait à être administré par l'abbé et non plus par le comte. L'abbé devenait, à leur égard, l'agent royal, l'intermédiaire entre eux et le roi. Les hommes libres d'une terre d'église allaient à l'armée, non plus sous la conduite du comte, mais sous celle de l'abbé ou de l'évêque. Après le morcellement des droits régaliens, les justiciers se substituèrent au roi. En second lieu, l'usage de donner des terres aux églises, de fonder des abbayes et de les doter richement ne se perdit pas; peut-être même les donations aux églises se multiplièrent-elles aux xie et xiie siècles. Mais, quand le roi ou un justicier donnait la propriété d'une terre à une église, il n'abandonnait pas pour cela tous ses droits sur cette terre; il y conservait un certain nombre de coutumes ou droits de justice. Et il est tellement vrai que donner la propriété d'un domaine n'était pas en donner la justice, que l'abandon ou la réserve de tels ou tels droits est spécifié dans les actes de donations,

1. « De octo bannus unde domnus noster vult quod exeant solidi LX... Qui in hoste non vadit. » (Boretius, p. 224.)

2. Voyez les conclusions de Fustel de Coulanges dans son article sur l'immunité, *Revue historique*, 1883, reproduit dans *les Origines du système féodal*, du même auteur, p. 336.

et que d'autres fois le seigneur déclare formellement renoncer à toute espèce de coutumes ou exactions. D'ailleurs, à quoi bon rappeler les procès continuels entre les justiciers et les églises à propos des coutumes? C'est par milliers qu'on compte dans nos archives les chartes relatant des débats entre seigneurs laïques et ecclésiastiques pour la possession des droits de justice.

L'ost et la chevauchée étaient au nombre des coutumes que le roi ou les justiciers retenaient le plus volontiers sur les habitants des terres qu'ils cédaient aux églises. Au milieu du XIe siècle seulement, ils commencèrent d'y renoncer, mais jamais complètement. Tout ce qu'ils accordaient aux évêques et abbés, c'était de transmettre la convocation à leurs hommes. Du Cange cite une charte du cartulaire de Vendôme où il est dit que les hommes habitant dans le bourg ne seront plus appelés au nom du comte et pour son ban, si ce n'est pour aller à l'ost, et encore la semonce ne sera-t-elle pas faite par le comte ou quelqu'un de ses hommes, mais par le prévôt des moines[1].

Les moines étaient fort soucieux d'interdire aux officiers seigneuriaux l'accès de leurs domaines et veillaient avec soin à ne pas leur donner occasion d'exercer aucun pouvoir sur celles de leurs terres qui jouissaient d'immunités. Ainsi, le comte d'Anjou s'était réservé, sur les hommes du monastère de Saint-Nicolas d'Angers, une seule coutume qui était pour lui le droit de les appeler à l'armée en cas de guerre publique; la convocation devait être faite par l'abbé; et le comte, qui plus est, s'était engagé à faire prévenir l'abbé ou les moines par quelqu'un de ses familiers, mais qui ne fût ni prévôt, ni viguier, ni agent du comte, qui en un mot ne fût à aucun titre un *exactor*, un officier de justice[2]. De nombreux documents nous montrent les efforts du clergé pour changer le caractère du service d'ost dû par leurs hommes aux seigneurs : de ce service public exigé par le justicier, ils voulaient faire un service gracieux. C'est ce qui éclate pleinement dans un procès entre le prévôt de Châteaudun et les religieux du prieuré de Saint-Martin-au-Val, dépendance de Marmoutiers[3]. Thibaud, comte de Chartres et de Blois, s'était ligué (1112) avec divers seigneurs, et spécialement Hugues du Puiset, contre le roi Louis VI. Sur l'ordre du comte, Salomon le Pannetier, prévôt de Châteaudun, se rendit au prieuré de Saint-Martin et pria les moines d'envoyer leurs hommes de Chamars au château du Puiset

1. Du Cange, v° *hostis*, éd. Henschel, t. III, p. 713, 2e col.
2. J'ai cité ce texte plus haut, d'après le *Gallia christiana*, éd. 1656.
3. Charte-notice publiée dans *Recueil des historiens de France*, t. XIV, p. 240.

pour former la garde du comte. Les moines firent semonce à leurs hommes, mais un certain nombre restèrent dans leurs foyers. La guerre finie, le prévôt manda aux moines d'amener au palais du comte ceux de leurs hommes qui n'avaient pas obéi à la semonce pour qu'il leur infligeât la peine légale. Les moines s'y refusèrent, disant que, puisque la semonce avait été faite par eux, le forfait commis par ceux qui y avaient contrevenu leur appartenait et non au comte. La cause fut portée au tribunal du comte, qui énonça la prétention de lever l'amende sur les hommes de Saint-Martin qui n'étaient pas venus au château du Puiset puisque la semonce avait été faite pour lui. A quoi les moines répondirent que les comtes de Chartres leur avaient donné la terre de Chamars en pure aumône sans y rien retenir, ni justice, ni droit de semonce, ni chevauchée. Il était bien vrai que les comtes avaient le gîte à Chamars; il était vrai aussi que les moines menaient leurs hommes de Chamars à l'armée du comte, mais c'était gracieusement, par amitié pour le comte, qu'ils en usaient ainsi. Le comte, après avoir pris conseil de ses grands, renonça à ses droits. Puis, pour établir un précédent, le rédacteur de la notice du procès que nous venons de résumer rapporte que, l'année suivante, le comte Thibaud ayant prié les moines d'envoyer leurs hommes au siège de Bellême, ce furent eux qui, l'expédition achevée, levèrent sans conteste des amendes sur les défaillants. Les moines avaient gagné leur procès parce que le comte ignorait l'origine du droit d'ost qu'il exerçait sur les hommes de Chamars; mais ses prétentions à lever l'amende sur ceux qui ne lui rendraient pas le service militaire étaient parfaitement légitimes.

Les églises, en fournissant un contingent aux armées royales ou à celles des seigneurs, et spécialement quand elles y envoyaient les hommes libres roturiers de leurs domaines, ne cherchaient pas à témoigner leur reconnaissance ou leur dévouement au roi ou aux seigneurs; elles n'acquittaient pas non plus une dette envers ceux qui les protégeaient. Les abbés et les évêques étaient, au IXe siècle, en ce qui concerne le service militaire, les intermédiaires entre le roi et les hommes libres habitant sur leurs terres; leur rôle resta le même quand les comtes eurent détourné à leur profit l'exercice des droits régaliens; seulement, au lieu de convoquer leurs hommes à aller à l'ost au nom du roi, les abbés et évêques les convoquèrent au nom des seigneurs justiciers.

Où l'Église rendit un service gracieux au roi, ce fut quand elle organisa les milices paroissiales, je veux dire ces petites troupes qui, sous la conduite des curés, allaient aider le souverain à châtier les rebelles et à maintenir la paix. Mais il faut se garder de confondre le service militaire que l'Église demandait ainsi aux fidèles avec le service d'ost et de chevauchée. Les milices dont parle Orderic Vital[1] étaient, comme l'a très bien démontré M. Delisle[2], une conséquence immédiate de la paix de Dieu. Tout d'abord on pourra se demander ce qui a provoqué l'organisation de ces troupes de villageois groupés autour de leur curé, puisque les roturiers étaient tenus de se rendre à l'armée. Un article du concile de Rouen (février 1096) nous donne la réponse; il établit que tous les hommes âgés de douze ans jureront d'observer la trêve de Dieu et s'engageront à s'armer et à suivre l'évêque ou l'archidiacre toutes les fois qu'ils en seront requis[3]. Ainsi l'on ne se préoccupe pas de la condition juridique des individus : tous les chrétiens libres et non libres doivent prendre les armes quand l'autorité ecclésiastique le leur ordonne. L'armée publique, telle qu'elle avait été constituée par la législation carolingienne, ne se composait que d'hommes libres; l'armée que forme l'Église englobe tout le monde, même les serfs. Ajoutons que les roturiers ne savaient plus pourquoi on les appelait à l'ost; ils regardaient ce devoir comme une lourde charge; au contraire, quand l'Église les convoquait au nom d'un principe religieux, dans leur propre intérêt, pour rétablir la sécurité dans les campagnes, ils devaient se montrer beaucoup plus empressés de se rendre à l'armée.

D'ailleurs, au moment où la trêve de Dieu donne de si excellents résultats et fournit à l'armée royale un appoint si considérable, l'ancien service d'ost et de chevauchée est à son déclin. Déjà, au XIe siècle, on voit le roi et les seigneurs apporter des tempéraments de toutes sortes à la rigueur de ce service. Au XIIe siècle, les hommes des villages obtiennent des chartes de privilèges où sont fixées les coutumes qu'ils continueront à payer aux seigneurs. Or l'on voit que presque toutes ces chartes restreignent le service militaire. Bien loin qu'on puisse dire que les roturiers aient été introduits dans l'armée au XIIe siècle, c'est au contraire à cette époque qu'un grand nombre d'entre eux, ceux qui habitaient dans les campagnes, cessent d'en faire partie, ou tout au moins obtiennent le privilège de n'y venir que dans des cas bien déterminés et assez rares. En 1119, Louis VI accorde aux hommes d'*Augere-regis* de ne plus aller à l'ost ou à la chevauchée que tous ensemble et en communauté[4] :

1. Orderic Vital, éd. Le Prévost, l. VIII, c. XXIV, t. III, p. 415; l. XI, c. XXXIV, t. IV, p. 285; l. XII, c. XIX, t. IV, p. 364.

2. Dans la préface de l'édition d'Orderic Vital par Le Prévost, p. LVII.

3. Orderic Vital nous a transmis les décisions de ce concile, l. IX, c. III, éd. Le Prévost, t. III, p. 471.

4. « Neque ipsi in expedicionem vel in equitatum, nisi per communitatem,

c'est là comme l'embryon des milices communales. Les hommes libres des villes qui obtinrent des communes étaient soumis à l'obligation du service d'ost avant l'établissement de cette commune. Ce serait sortir de mon sujet que de le prouver longuement. Qu'il me suffise de rappeler qu'en 1213 le roi Philippe-Auguste, accordant une commune aux hommes de Chauny, dit qu'ils acquitteront l'ost et la chevauchée comme au temps du comte Raoul[1]. Mais le service militaire que devaient les habitants d'une ville non constituée en commune était personnel : les uns pouvaient être convoqués sans que les autres le fussent. Dans l'état de commune, ils ne sont plus appelés à l'ost que tous ensemble, situation plus favorable assurément, mais dont ce n'est pas le lieu de faire ressortir les avantages. Il me suffisait de montrer que l'obligation du service militaire pour les roturiers aux XIe et XIIe siècles, qui découlait des institutions carolingiennes, a été la première origine des milices communales.

Je crois avoir établi que le devoir d'ost et de chevauchée, tel que le remplissaient les roturiers à l'égard du roi ou des seigneurs, était un devoir justicier et non un devoir féodal, et qu'il avait son origine dans l'obligation où tout homme libre était, à l'époque carolingienne, d'aller à l'ost royale. Que si l'on me dit que Championnière avait déjà indiqué cette distinction entre le service militaire public et le service féodal[2], je répondrai qu'en faisant cette étude je n'ai eu d'autre but que de vérifier l'exactitude de son assertion, et qu'il n'était pas si inutile d'attirer l'attention des historiens sur l'admirable livre *De la propriété des eaux courantes*, puisque, si beaucoup l'ont lu, le nombre n'est pas moins grand de ceux qui le négligent.

M. Prou.

scilicet si omnes communiter ire juberentur et irent. » (*Ordonnances*, t. VII, p. 444.)

1. *Ordonnances*, t. XI, p. 304.
2. *De la propriété des eaux courantes*, p. 260 à 262.

Nogent-le-Rotrou, imprimerie Daupeley-Gouverneur.

www.ingramcontent.com/pod-product-compliance
Lightning Source LLC
LaVergne TN
LVHW010219230826
846091LV00008BB/3582

* 9 7 8 2 0 1 6 1 3 9 3 8 7 *